中国文化知识读本

ZhongguoWenhua
ZhishiDuben

古代漕运

主编 金开诚

编著 朱思然

吉林出版集团有限责任公司

吉林文史出版社

图书在版编目（CIP）数据

古代漕运 /朱思然编著. -- 长春: 吉林出版集团
有限责任公司: 吉林文史出版社, 2009.12 （2023.4重印）
（中国文化知识读本）
ISBN 978-7-5463-1575-1

Ⅰ. ①古… Ⅱ. ①朱… Ⅲ. ①漕运—交通运输史—中
国—古代 Ⅳ. ①F552.9

中国版本图书馆CIP数据核字(2009)第236847号

古代漕运

GUDAI CAOYUN

主编/ 金开诚　编著/朱思然

项目负责/崔博华　责任编辑/曹恒　崔博华

责任校对/袁一鸣　装帧设计/曹恒

出版发行/吉林出版集团有限责任公司　吉林文史出版社

地址/长春市福祉大路5788号　邮编/130000

印刷/天津市天玺印务有限公司

版次/2009年12月第1版　印次/2023年4月第4次印刷

开本/660mm×915mm　1/16

印张/8　字数/30千

书号/ISBN 978-7-5463-1575-1

定价/34.80元

前　言

　　文化是一种社会现象，是人类物质文明和精神文明有机融合的产物；同时又是一种历史现象，是社会的历史沉积。当今世界，随着经济全球化进程的加快，人们也越来越重视本民族的文化。我们只有加强对本民族文化的继承和创新，才能更好地弘扬民族精神，增强民族凝聚力。历史经验告诉我们，任何一个民族要想屹立于世界民族之林，必须具有自尊、自信、自强的民族意识。文化是维系一个民族生存和发展的强大动力。一个民族的存在依赖文化，文化的解体就是一个民族的消亡。

　　随着我国综合国力的日益强大，广大民众对重塑民族自尊心和自豪感的愿望日益迫切。作为民族大家庭中的一员，将源远流长、博大精深的中国文化继承并传播给广大群众，特别是青年一代，是我们出版人义不容辞的责任。

　　本套丛书是由吉林文史出版社和吉林出版集团有限责任公司组织国内知名专家学者编写的一套旨在传播中华五千年优秀传统文化，提高全民文化修养的大型知识读本。该书在深入挖掘和整理中华优秀传统文化成果的同时，结合社会发展，注入了时代精神。书中优美生动的文字、简明通俗的语言、图文并茂的形式，把中国文化中的物态文化、制度文化、行为文化、精神文化等知识要点全面展示给读者。点点滴滴的文化知识仿佛颗颗繁星，组成了灿烂辉煌的中国文化的天穹。

　　希望本书能为弘扬中华五千年优秀传统文化、增强各民族团结、构建社会主义和谐社会尽一份绵薄之力，也坚信我们的中华民族一定能够早日实现伟大复兴！

目录

一、历时千年的漕运体系

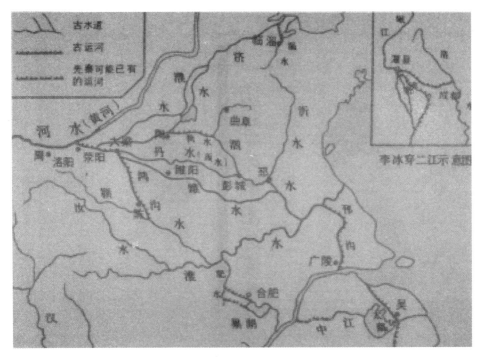

先秦运渠图

漕运是封建王朝经由河道向指定地点或都城大规模运送粮草的活动。随着这种经济活动的开展和深入，一系列与之相应的制度、设施和活动主体逐渐出现并成熟起来，从而构成了庞大而复杂的漕运体系。

早在先秦时期，伴随着运河的开凿，漕运的历史也拉开了序幕。秦朝的建立使漕运正式走入了国家经济和社会生活之中。汉朝更是将漕运这一体系延续了下来，漕运之盛可谓"大船万艘，转漕相过，东综沧海，西纲流沙"。盛唐时期漕运也随之繁盛，到了明清两代，漕运体制更为严密，漕运体系更为健全。

漕运和漕运体系构成了封建王朝的生命力，为封建社会经济的发展提供了源源不竭的动力。国家通过漕运获得了足够的粮食供给，从而维持了封建王朝的生存和发展。我国地理条件优越，大江大河众多，四通八达的水网和大载量的水运为封建王朝征集粮食提供了得天独厚的优势条件，因此，漕运代替了陆运等运输方式成为古代最主要的运输形式。此外，古代造船技术的进步和运河水系的逐步贯通也都为漕运的发展创造了条件。

（一）漕运制度的产生

春秋战国时期，各诸侯国出于争霸战争

三门峡古代黄河漕运遗址

古时的邗沟，隋炀帝下令拓宽为大运河，两岸植柳

的需要，为载兵运粮，挖掘了历史上第一批运河。吴王夫差下令开凿了邗沟；魏国开凿了鸿沟；齐国开凿了淄济运河等。但这些运河多是为各国运送战争粮草而服务，并非履行了真正意义上的漕运的任务。

公元前221年，秦始皇建立了历史上第一个统一的封建王朝——秦朝。秦朝的都城咸阳处在人口众多、粮食产量较低的关中，再加上封建官僚机构及军队的庞大，本地和就近城市所产的粮食根本无法满足宫廷、官僚、军队及百姓日常生活的需求，而解决这一问题的主要方法就是从其他产粮地区将都城所需的粮草运

输过来。于是，秦朝便利用渭水、黄河、济水以及鸿沟等水系将政治中心与两个重要的粮食产区——关东经济区和成都平原紧密地联系在一起。秦朝这种利用水运条件大规模向都城和边疆地区运送粮草的做法，可以称得上是真正意义上的漕运。为了确保漕运的畅通，秦王朝开创了以仓储管理为中心的漕运制度，在咸阳和各个水陆交通枢纽地区建立了许多大型的粮仓，并对漕运系统实行了严格的管理。

秦朝灭亡以后，刘邦建立了西汉，定都长安（今陕西西安）。西汉初年，由于政事

邗沟是联系长江和淮河的古运河

从简，政治中心地区所产粮食基本上可以满足皇室、官僚和军队的需求，因而，西汉初年漕运规模并不如秦时那么浩大。随着西汉经济的发展和政事的日益繁多，以及皇室、官员和百姓数量日益增加，再加上大规模军事活动的开展，复苏漕运势在必行。因此，汉朝恢复了秦朝时期以关东经济区为主要粮食输出地的大规模漕运。汉武帝时，每年从关中经济区漕运的粮食通常为10.8万吨，最多则高达16.2万吨。由于漕运的规模较大，为确保漕运时大型船只的顺利通行，西汉政府在秦朝漕运水道的基础上又整治了鸿沟，重新开凿了长约三百里的关中漕渠，从而以足够的物质保障成就了大汉的盛世。

古邗沟

25年，东汉建立，建都洛阳。洛阳座落在关东地区，接近粮食产区，且身处平原，湖泊河流众多，为大规模漕运活动提供了地理上的优势。为使洛阳政治中心的地位得到巩固，东汉政府开凿了从洛阳直通黄河的阳渠，将以往的漕渠重新整治后形成了新的水运航线，中原和江淮等经济区与洛阳紧密相连，洛阳成为当时最大的漕运中心。

古代漕运码头遗址

秦朝和汉代是古代漕运制度和体系的初步形成期，虽然对漕运的管理和经营等方面还处于开创时期，一些制度和设施仍不完备，但是秦、汉两朝对漕运的重视程度却很高，全国范围内的漕运体系已经建立起来了。

（二）漕运体系的发展和完善

东汉灭亡以后，中国出现了继春秋战国之后的又一个长期分裂时期——魏晋南北朝时期。这一时期，政治格局的纷乱打破了秦汉两代建立起来的全国范围的漕运体系。各个割据势力都建立起了以自己都城为中心的

区域性漕运体系。

魏晋时期继续挖掘河渠，完善漕运体系

例如，曹丕建立起的魏在将都城由邺城迁移到洛阳之后，为了加强中原与江淮地区之间的联系，挖掘了诸如淮阳渠、广漕渠、千金渠等运河。以建康（今南京）为都城的东吴开凿了横塘，建立起了以都城为中心的南方漕运体系。东晋和南朝时期，继续保留了东吴建立起来的漕运体系。其中，东晋时期漕运运载货物繁盛，经济发展迅速，人口大幅度增加，建康一度成为史上南方地区有史料记载的第一个人口超过百万的城市。

江苏太仓一景

魏晋南北朝时期漕运的开展虽也颇有成效，但是由于战事频繁，政治格局不稳定，此时的漕运规模较小。到了隋朝，随着漕运规模的逐渐扩大，古代漕运进入了一个繁荣时期。

隋朝建都洛阳，在继承和保留下来漕河运道之后，隋朝又在这一基础上开凿了广通渠、通济渠、永济渠、邗沟和江南河。为确保庞大的漕运体系能够正常运作，隋朝政府以仓储制度为中心，配合漕运体系，在运河沿岸水流交汇处、京师长安和东都洛阳建立起了供漕粮运转和存储的大仓库，著名的有太仓、黎阳仓、太原仓、洛口仓等。这些大型粮仓中仅一仓所存的粮食就相当于隋朝全年粟米收入的总量，隋时漕运之繁荣可见一斑。

　　隋炀帝的骄奢淫逸覆灭了隋朝，将唐王朝推上了历史的浪尖。唐王朝定都长安，又建东都洛阳。隋朝的漕运体系和仓储制度被唐代保留了下来，并在此基础上又进行了新的改革。秦、汉时期漕粮主要源自关东经济区，到了唐代漕粮供应地逐渐由关东转向了江淮地区，东南地区渐渐成为了唐政权的主要赋税来源。对漕运方法唐朝主要进行了两次新的改革。开元年间，唐朝采用了"分段运输法"。该法主张在水深时进行漕运，水浅时则进行仓储，江船不准入河，从而极大地提高了漕运的数量

汉代漕运图

和质量。开元、天宝年间之后，历时八年的"安史之乱"大大损害了盛世年间建立起的漕运体系。唐朝政府平定了叛乱之后，为了迅速恢复漕运体系的畅通，在"分段运输法"的基础上又实行了"转搬法"。"转搬法"结合了各个河段的水势和地形的特点，以先入江、再入汴、后进河、最后入渭水的办法将物资分段运至京师。唐代对漕运方法的改革使古代漕运制度第一次实现了系统化，为后世漕运体系的发展奠定了基础。

从秦汉漕运制度的建立，到隋唐漕运制度的繁荣，漕运体系在历史的长河里不断地变化并发展着。直至漕运制度发展到宋朝的时候，

《沐河漕运图》

我们才可以说漕运体系真正得到了完善。

北宋立国后定汴京（又称大梁，今河南开封）为都。为将各地物资源源不断地输入京师，北宋以汴河、黄河、惠民河和广济河作为主要干线，将各个经济区所产的粮食和物资汇集到汴京。其中，汴河不仅行使了漕运的功能，还有效地将北方政治中心和东南赋税重心联系到一起，从而满足了统治者对经济和政治的双重需求。

继北宋之后，南宋定都临安（今杭州），政治中心和经济重心的重合大大地降低了漕运的成本。凭借便利的水运条件，南宋建立起了以临安为中心的漕运体系，保证

汴河

历时千年的漕运体系

两宋时期，在完善漕运河道和漕运制度方面进行了改革

了南宋政权的稳定。

为保证大规模漕运的顺利进行，南北宋时期还在漕运制度和漕运体系方面进行了改革。在传输方法上规定：从江淮所漕之粮转运到邻近京师的粮仓，之后再用船运输直抵京师。宋朝的漕运法令严格，不仅规定了漕船的容量，还考虑到漕运时所能遇到的具体问题，不仅对漕船的停靠时间、船工管理办法、人员任用尺度等方面做了规定，甚至对漕粮的干湿程度等这类问题也制定了相应的准则。此外，为保证漕运畅通，宋代还注意整治河道，及时疏浚；榆柳成行，以固河堤。

漕运之利，富甲江南

宋代的漕运体系不仅严密，而且效率很高，在保证京师对各地物资需求的同时，还将中国古代漕运体系的发展推向了巅峰。

（三）漕运体系的兴盛

自南宋定都临安（今浙江省杭州市）起，古代中国的经济重心完全移到了江南地区。元朝以大都（北京）为都城，政治中心和经济重心完全分离。为了使江南的经济重心和北方的政治中心联系在一起，元朝不仅重新开通了京杭大运河，还开辟了海运航道，从而最终确定了以大都为中心的漕运体系，为明清两代的漕运格局的最终确定奠定了基础。

元朝建立初期，漕运主要是以河运为主。但是漕运具有因季节性变化的特点，天旱水浅，河道淤塞时漕运运量就会减少，运量的不足难以满足政治中心地区对物资的需求。为平衡京师地区对物资的需求，元朝政府大力开辟了海上漕运路线。由于海运节省时间和运费，且运载量大，海路成为了元朝最主要的漕运路线。为保证海上漕运的顺利进行，元朝还设立了专门的机构和官员来管理海运事务。

1368 年，朱元璋建立了明朝，定都南京。三十五年以后，燕王朱棣将京师迁往北京。

元朝漕运图

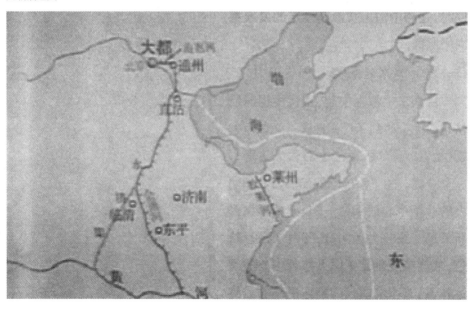

明朝初期，为了给北方军队提供给养，恢复了元朝的海运制度。但是由于航道生疏，再加上恶劣的气候条件，沉船事故经常发生。为减少海运的险阻，明朝将漕运重点主要放在了河运上。由于山东一带的海运常年受到倭寇的侵扰，永乐年间政府扩建了元朝保留下来的大运河，开凿了山东西部的济宁段运河。大运河的河运从而替代了海运，海运粮道最终被废止。明朝时期通过大运河每年从南方运到北方的粮食平均约 20 万吨，最高

明清两代，卫河漕运发达，北京城内所需物资很多经卫河抵京

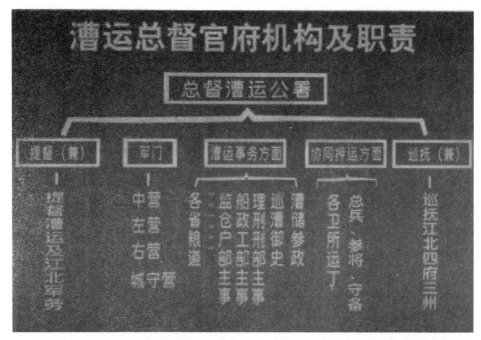

清朝漕运总督官府机构图

时达到近 30 万吨。此外，明朝对漕粮的征集和上交看管严格，整个过程由驻守运河沿线的的军队看护，从而保障了漕运的安全。

清朝沿袭了明朝开创的漕运体系，并在此基础上做出了新的调整。清朝的对漕运治理的重点主要放在疏浚河道，整顿漕政和加强对漕运体系的管理上面，京杭大运河丧失已久的漕运功能得以全面恢复。雍正、乾隆两朝在河道的疏浚上加强了治理力度，从而确保了漕运长时期畅通。清朝每年向江南地区征收一定量的漕粮。由于漕粮数量很大，清朝在漕运管理制度上也作出了严格的规定。上至总督，下至运卒；

古代漕运虽给政治经济带来了稳定的因素，但也产生了负面影响

总至中央，分至地方都各司其职，组成了一个权责明确、分工有序的漕运体系，从而谱写了我国漕运史上的最后一篇辉煌乐章。

我国古代的漕运虽然在很大程度上确保了历朝历代经济和政治的稳定，但也带来了一定的负面影响。统治者通过漕运将南方的钱财和物资不断运往北方，为满足一己私欲不断对江南地区进行搜刮，再加之由于漕运过程中人力和物力的损耗巨大、贪污腐化严重，因此漕运所带来的负担全部压在了人民的身上，这必然会激起各种形式的反抗。为了确保漕运的畅通和运河的疏通，国家倾注

漕运随着封建社会的瓦解
逐渐没落

了巨大的财力、物力和人力修筑运河，漕运的
成本奇高，结果导致国敝民疲，怨声载道。随
着封建王朝的彻底衰落，经历世事变迁的漕运
也最终走到了尽头。

二、一统国家的稳定保障

漕运是封建王朝的经济命脉，在漕运的过程中，南北方的经济得到了交流，河流沿岸的城市也以漕运为契机崛起并繁荣起来，除了经济意义，漕运在军事、政治、民族融合和中外文化交往方面发挥了重要的作用。

　　随着古代社会经济重心逐渐南移，政治、军事重心与经济重心最终分离，因此，漕运对于各王朝的政治和军事意义便更加突出。为了保卫政治中心和国家的边境不受外敌侵犯，历朝历代都在京师的所在和边境地区驻军防御，国家还在地方和政治中心驻扎了众多军队以进行对外战争和镇压民众的暴动，漕运便成为了最强大的物质后盾。并且，承载漕运的河流也成为了兵家的必争之地。

古漕运码头

古代漕运

古漕运码头是古人的船只必经之地

　　漕运不仅在疆域上将东西南北融会贯通，在政治领域上，各个王朝的统治者也利用漕运所形成的体系，通过优越的地理位置、富足的经济条件和卓越的人文环境来强化和巩固王朝的政治统治，从而达到对全国思想的驾驭。此外，在民族融合和对外交流上，承载着漕运的各条河流使各民族和各国人民之间的交往更为密切，出现了南北文化和中外文化交相辉映的繁荣局面。

　　漕运不仅是封建王朝强大的经济后盾，还是国家军事和政治等领域的主要通道，是维护国家统一和稳定的保障。

（一）漕运的军事功能

为了维护统治，攘外安内，每个封建
政权都会建立起一支强大的军事力量。由
于封建时期的军队大多驻扎在远离经济重
心的京师和军事战略要地，军队所需要的
粮草补给就必须通过运输来实现，因此漕
运以其自身的优势在运送军需的过程中起
到了极其重要的作用。

大运河最早开凿的河道是邗沟，开凿
河道的最初目的就是发挥其军事功能。此
后历朝历代都十分重视漕运的军事功能。
秦朝开凿了灵渠，以此来实现对五岭（指
南岭山脉中五座著名的山岭）的征服和统
治。汉代通过漕运路线向东南及南方地区
输送物资及兵员。到了三国时期，政局混
乱，漕运的军事作用更为明显，为了在争
霸战争中取得胜利，各国修筑河渠的最主
要目的就是保证兵员的运送和军队后勤资
源的供给。

隋朝建立初期，为剿灭一些地方势力
和其他政权，先后开凿了山阳渎和永济渠
等河道，为战争运送了足够的粮草和军事
补给，对战争的胜利起到了非常重要的作
用。

军队需要的粮草多借助漕运
运输

唐朝末期，朝廷用漕运来加强南北方联系

到了唐朝中期以后，政治和军事中心与南方的经济重心逐渐分离。统治者要对南北方进行有效的统治，就必须通过漕运将南北方紧密联系起来。因此漕运就更凸显了其对军事的经济支持作用。唐代著名诗人杜甫在《昔游》一诗中一句"幽燕盛用武，供给亦劳哉"道出了漕运在军事运输中的重要性。唐时漕运的军事功能如此之重，随着唐玄宗将府兵制（农忙时耕种，间隙练兵，有战时出征的军事制度）改为募兵制（国家招募职业军人，由国家提供装备，分发粮饷），军队给养成为了漕运的最主要目的。

宋朝的漕运依然是以军事目的为主。政府所用军需几乎全以江南漕粮为支撑。明清两代将都城设立在北京。由于驻军较多，边界线较长，因此所需之粮草必须靠漕运来维持。

正是有了漕运这一体系的保障，各个朝代即使是在战乱之年仍能保证军有所依，从而稳定了军心，维护了政权。即便是在连年的战乱以后，依靠漕运来的物资，一些政权仍然能够维持很久。由此可见，漕运对于维护历代王朝的军事政权功不可没。

在长达两千多年的封建社会，很多时

漕运对于维护历代王朝的军事政权功不可没

一统国家的稳定保障

候都充满了战乱。无论是规模大小不等的政权之间的战争、少数民族与中原民族之间的战争，还是农民起义，很多都发生在漕运必经的路线上。由于漕运具有任何统治阶级都需要的功能，因此对漕运路线沿岸地区的争夺也十分激烈。但由于运河一般都处在平原位置，守者如坚持死守，攻者则很难夺取。因此，具有漕粮运物功能的运河还是浑然天成的御敌之所。

隋末的瓦岗军起义就是以通济渠、永济渠和邗沟一代为起义中心，给隋朝政府以重创。清朝末年爆发的太平天国运动为争夺漕运重镇，曾经三进扬州，不仅夺取了镇江，还攻占了苏州和杭州等城市，清政府的统治一度陷入了混乱。此外，古代统治者在其统治的过程中

通济渠

古代漕运

北宋时期加强了对运河
地区的军事控制

也运用漕运体系平复了内乱。在安史之乱中，唐朝加强了对漕运沿线军事要地的守卫，夺取了沿线的运河城市，最终平定了这场战乱。

为了巩固统治阶级的政权，加强对运河地区的军事控制，历代统治者还十分重视对漕运河流的军事防范。北宋时期派专门的粮兵驻守在运河沿岸，以加强对京畿地区和漕运主线的守卫。元朝时期，为了加强江防，不仅设立了沿江行院，还源源不断地补充了漕运沿线重镇的守军数量。清代不仅在一些漕运重要之处驻守了旗兵，还在一些漕运重镇驻守了绿营河兵（每营一千人）。

漕运对消除外患作出了巨大的贡献

漕运不仅对平定内忧起到了巨大的作用，在消除外患方面也做出了巨大的贡献。最著名的要数明朝抗击倭寇的保卫战。东南地区的运河不仅防御了敌人，而且还在抗倭斗争中及时保障了粮草和兵员的充足，漕运沿线地区的人民在斗争中也做出了巨大的贡献。

（二）对国家稳定统一的政治影响

漕运不仅保证了封建王朝的经济需求，完善了军事防御，稳定了政局，还对国家的统一做出了贡献。

早在战国时期，漕运就在统一六国时起到

了重要的作用。灵渠的开凿加速了秦王朝对岭南的统一，对江南运河部分河段的开凿不仅巩固了南北方的稳定，而且还在经济、政治、文化等方面将南北联系了起来。汉朝通过漕运将政治中心与南方相连接。

三国鼎力时期，诸侯争霸。曹操在黄河以北地区开挖了广漕渠和白沟等渠道，为统一北方的军事行动奠定了基础。此外，曹操还开辟了中原到辽东地区和河北北部的水路联系，从而为后世朝代统一全国奠定了基础。

隋朝统一南方以后，江南的一些势力仍然威胁着隋朝的统治。为图长远之计，隋文帝杨

隋炀帝杨广下令开凿了大运河

广下令开凿了大运河，通过大运河的河道将政治势力从南到北深入到全国的各个角落。唐宋时期，随着全国经济重心的南移，漕运开始成为政治中心的生命线，漕运的功能也更加完备。到了元明清，政治中心完全北移，漕运在南北方的交流和促进政局统一方面起到了不可替代的作用。

漕运的发展史与我国古代政治格局的发展和变化是密不可分的。漕运航线的畅通保证了国家的兴旺和统一，一旦国家难以保证漕运航线畅通的时候，国家的统一和稳定就会受到威胁。因此，漕运是古代封建王朝维护政局统一的保障。

漕运河流所流经的地区无论是在经济、政治，还是在军事及文化等诸方面都是全国的重要区域。因此，要巩固封建政治统治，加强思想控制，统治者必须要对漕运沿线地区进行控制。

通过漕运加强思想控制的朝代有很多，其中最为著名的就是清朝对江南地区的控制。

江南地区是经济发达地区，通常经济发达地区的思想活跃程度也较高。清朝入关以后，江南地区对清政府的抵抗最为激烈。为加强对南方地区的思想控制，康熙和乾隆两

漕运是古代封建王朝维护政局统一的保障

位皇帝曾经六次沿大运河沿岸南巡，借此加强对东南地区的思想安抚。

此外，为了进一步加强对全国的思想控制，清朝历代皇帝在南巡的过程中还尽量表现出对南方文人的优待和对儒学的尊重，处处显示出朝廷的宽容，从思想和文化上笼络人心。另外，清朝还大兴文字狱。仅在乾隆统治期间所发生的大小文字狱就不下百起，大有秦始皇"焚书坑儒"之势。文字恐怖在漕运沿线蔓延，但是，这并没有阻碍文化的传承，反而造就了清代诗词小说的繁盛。

乾隆中期以后，文字狱的大肆兴起，使文化典籍遭到残酷的毁坏

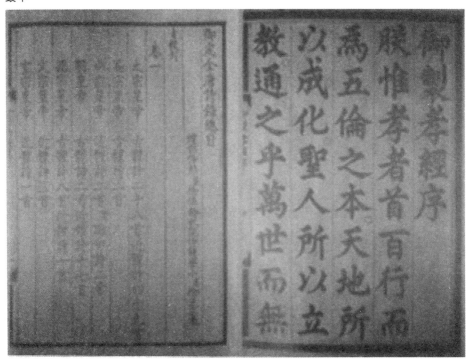

　　历代的漕运都是以经济发展程度较高的地区为起点。封建朝廷想要在某处建立漕运，除了要考虑地理与水文环境之外，还要考虑到当地的财政收入状况。经济条件的优越势必会导致地方势力的膨胀，从而威胁到整个国家的稳定。因此，封建王朝在大力发展漕运的同时，也从实际上削弱了地方势力的物质基础，全面掌控了各地的经济命脉，从而使皇权所在的政治中心在政治和经济上都立于不败之地。

　　北宋在建立的时候就是权衡了当时的漕运河网的分布，将都城定在了开封。为加强

明清时期，封建政权建立了许多大型粮仓

中央集权，削弱地方势力，北宋通过漕运先后实现了在政治、军事和财政等方面的高度集中。

元代建立初期，国家动荡，战后灾民、荒民流离失所，粮食囤积在少数人手中，物价居高不下。为了稳定社会秩序，元代统治者通过漕运将各地的物资聚拢，然后对灾民和荒民进行赈济，并稳定了市场上的物价，从而保障了国家的统一安定。

明清时期，封建政府建立了许多大型粮仓。在粮食丰收之年，政府将漕运来的粮食囤积在粮仓之内。在灾荒年间，当市场上由于粮食出现短缺而造成粮价不稳的时候，政府便开仓放粮，救济灾民，稳定粮价，从而稳定了民生。

对历代封建王朝来说，漕运对社会进行制衡的作用是无可替代的。它就像一根隐形的杠杆，保障了社会秩序的稳定。

（三）民族融合的重要纽带

自古以来，我国就是一个多民族的国家。长期的交流与合作沟通造就了当今民族大融合的局势。自漕运体制实行以来，各民族之间就以之为纽带进行着生生不息的交流。漕运不仅促进了南北方之间的交流，它更将各民族的命运联系在了一起，从而最终融汇成了中华民族这一大家庭。

古时漕运所在地区，一般都是平原地区和经济条件优越的近水地区

古时漕运所在地区一般都是平原地区和经济条件优越的近水地区。河流自古以来就是城市的发源地。因此，漕运所在地区吸引了各民族的迁徙和定居。正是有了各民族之间的相互杂居，以及经济、文化和生活习俗的互相渗透，才最终形成了历史上民族的大融合。

纵观历史，我国古代主要出现了三次大规模的民族迁徙："永嘉之乱""安史之乱"和"靖康之难"。西晋时期的"永嘉之乱"引发了持续百年的移民潮，北方的汉族和匈奴、鲜卑等一些少数民族大规模南迁，为落后的南方带去了先进的生产技术和文化，为江南地区的繁荣奠定了基础。唐代的"安史之乱"使大批北方移民移居江南，此后，经济中心也开始向南移动。宋朝的"靖康之难"引发了古代规模最大的一次移民。中原的汉族和少数民族移居江南，使南方成为经济最发达的地区，自此以后江南地区就成为我国经济文化的中心。

各民族人口汇聚在漕运沿线，在与汉族长期的杂居与通婚中，少数民族逐渐与汉族融为一体。一些少数民族政权还接受了中原先进的文化，顺应了民族融合的大趋势，效仿中原的

随着政局的变动，江南逐渐成为经济文化的中心

政治与经济制度及生活风俗实行了汉化改革，从而实现了一些民族的汉化。唐代时期更是民族的大融合时期。吐蕃、南诏、契丹、回纥等民族不仅积极与唐朝交流，一些民族还进入南方漕运城市居住。到了辽宋夏金对立时期，各政权虽然矛盾重重，但是民族融合的大势却是战乱无法阻挡的。汉族与少数民族居住在一起，互相交流，互相融合。

扬州运河

到了元代以后，元政府在一定程度上消除了民族间的隔阂，规定汉人、契丹人和女真人享有同等的社会地位。清代是我国古代民族融合的高潮。清朝入关后打破了原有的民族间的地域界限，客观上为融合提供了便利。为了巩固统治，清政府还十分重视与其他少数民族之间的交流，这一举动使民族间的联系更加密切了。另外，漕运还包容了不同的宗教信仰，佛寺、道观、清真寺遍布运河沿线，根据宗教信仰聚居的许多民族也都在漕运沿线居住了下来，并且一直与其他民族相互交流。

民族的融合不仅稳定了政局，并且从整体上提高了民族素质。漕运就有如

淮安在古代便是"南船北马"之地，漕运异常发达

一条动脉，将先进的文明源源不断地输入各民族中。

漕运地区多为主要的粮食产区。这些地区不仅具有丰富的农耕经验，并且掌握了先进农垦工具的使用方法。而少数民族多以游牧为生，生活不稳定，且生产力水平低下。因此，漕运地区将这些居无定所的少数民族凝聚到了一起，在融合的过程中，这些民族学会了农耕技术，从而大大地提高了生活水平。

此外，漕运地区不仅是经济中心，也是文

海上丝绸之路的开辟拓宽了中外之间的贸易 渠道

化活跃的中心。聚集在漕河沿岸的少数民族在融合的过程中不仅学会了先进的农耕技术，还在思想上受到熏陶，接受了最先进的文化，从而大大提高了民族素质。

（四）漕运与对外交流

我国古代的漕运不仅将天然的水系沟通到了一起，一些河流还与海洋联系密切，从而为我国古代的对外交流提供了便利。

隋唐以前，我国进行对外交流主要是通过"丝绸之路"。随着漕运的开展和运河的开凿，我国的水网不仅遍布了全国，而且还延伸了陆上与海上的交通，外国使节和商人纷纷来访，对外贸易日益频繁。

宋朝时期，对外贸易主要分为四条路线：京东路、南路、丝绸之路和南方路。京东路线主要是与高丽进行贸易的路线；南路进行的是与日本和高丽两国间的贸易；丝绸之路主要通过汴河入黄河、渭水，与中亚进行贸易；南方路线主要进行的是阿拉伯国家、东南亚各国与我国之间的贸易。为适应对外贸易的需要，宋朝还为各国的客商专门设立了亭馆，如高丽行馆、波斯馆、清真寺等。但无论是商贸地区，

《海河漕运图》浮雕

还是驿馆所在，都设在了漕河沿岸，故也可将我国古代与外国之间的贸易称之为"漕来的贸易"。

通过漕运，外国的使节每年还带入了大量的贡品，珠宝、香料和象牙等带有异域风情的物品流入中国。中国往往以丝绸、瓷器及各种土特产品等赠与各国。通过便利的漕运，中国的商品源源不断地输出到海外，从而加强了与海外各国的贸易交流。

郑和下西洋之后，各国与中国之间的交流更为密切。明代迁都北京以后，漕运主线——京杭大运河的地位得以突显。从东南

郑和下西洋时的宝船

郑和下西洋为世界带去了东方文化

沿海登陆我国的外国使节都要经过大运河才能到达北京。凭借漕运的运输功能，我国在明清时期还引入了国外的一些作物，这些作物不仅缓解了我国由于人多地少造成的粮食匮乏，也从侧面反映出我国与外国人民之间的深厚友谊。

频繁的对外交往不仅让异国人民认识到了中国的物质文明，随之被传播到各国的文化也对各国人民产生了巨大的影响。外来的商人和使节在来中国贸易的过程中也带来了多姿多彩的异国文化，从而使我国的文化呈现出异彩纷呈的局面。

中国在文化交流上与日本来往密切。我国的高僧和使者频频东渡，赴日传播先进的文化。其中最著名的有鉴真高僧东渡日本宣扬佛法。宋朝时期我国向高丽国输出了大量的佛典和医书。中国的四大发明、音乐、美术和天文学也被传入欧洲各国。

在我国文化向外传播的同时，外国的文化也进入了我国。如元朝时期许多阿拉伯天文学家访问我国，带来了阿拉伯先进的天文学知识，从而为我国天文学的发展注入了新的思想。漕运也给中国带来了大量的先进知

鉴真东渡日本宣扬佛法

鉴真和尚像

将西方的一些自然科学带到了中国，从而促进了我
国自然科学的发展。

　　漕运有如一根纽带，不仅促进了中外贸易的流
通和文化的交往，更将许多先进的技术、书籍和发
明创造传播到了许多国家，从而加快了人类文明前
进的步伐。

三、漕运干线——大运河

京杭大运河对中国南北地区之间的经济、文化发展与交流起到了巨大作用

两千五百多年前，吴王夫差下令开凿了一条人工运河——邗沟，这条运河成为了"为后世开万世之利"的大运河的奠基石。举世闻名的京杭大运河，是世界上开凿最早、最长的一条人工河道。

大运河的开凿并不是一步完成的，它孕育于春秋时期，贯通于隋朝，繁荣于唐宋两代，完善于元代，重整于明清，主要经历了三次较大的历史变迁：

春秋末期，统治长江下游一带的吴王夫差为了争取中原霸主的地位，下令开凿了邗沟。邗沟经扬州向东北延伸，终到淮安入淮河，全长一百七十公里，成为大运河最早修建的一段，为隋朝大运河的贯通奠定了基础。

隋朝统一全国后，隋炀帝于 605 年下令开凿了从洛阳经山东最终到达涿郡（今北京）的永济渠。之后，隋炀帝又下令开凿了通济渠。610 年，隋朝征集大量劳工对邗沟进行了改造。与此同时，隋炀帝又下令开凿了江苏镇江至浙江杭州的江南运河，大运河全线贯通。

13 世纪末元朝定都北京后。花费了十年时间，先后开挖了"洛州河"和"会通河"，以杭州为终点，将天津至江苏清江之间的天然河道和湖泊连接起来。在北京与天津之间，

大运河的开凿并不是一步完成的，而是经历了几次重大的历史变迁

京杭大运河漕运

元王朝又下令重新修治"通惠河"，从而最终形成了京杭大运河。

大运河以北京为起点，流经北京、河北、天津、山东、江苏、浙江六个重镇城市，最终抵达了杭州。京杭大运河沟通了我国主要的五大水系：海河、黄河、淮河、长江、钱塘江，这是世界上最长的古代运河。大运河充当中国漕运的重要通道历时一千二百多年。在中华民族的发展史上，为发展南北交通，沟通南北之间经济、文化等方面的联系做出了巨大的贡献。

邗沟

（一）大运河的开凿与贯通

春秋战国时期，政局混乱，为适应诸侯争霸的需求，保证战争兵员和粮草供应，一些诸侯国纷纷开凿了运河。这些早期的运河中就包括了京杭大运河的前身——邗沟。

邗沟地处太湖流域，这里河道纵横，大大小小的湖泊星罗棋布，当地居民精通造船与航行之术。自然条件和人文条件的便利为邗沟的开凿提供了条件。公元前486年，逐渐强盛的吴国为击败其他诸侯国，称霸中原，吴王夫差下令在长江与淮河之间开凿了一条运河，这条运河全长约一百六十公里，史称"邗沟"。两年以后，吴军打败了齐国。吴王夫差又下令开凿了"菏水"（因水源来自山东菏泽而得名）。该运河使得吴国的军队可以从长江进入淮河，再由淮河辗转进入黄河，从而联结了长江和黄河两大水系。

秦始皇统一中国以后，下令开凿了从镇江到丹阳的运河——曲阿（又名丹徒水道），从而加强了对南方的控制。此外，秦始皇还整治了杭州通往苏州的水道，进一步巩固了对南方经济发达地区的统治。

魏晋南北朝时期，频繁的战争破坏了原来的漕运系统。为了能够在诸侯争霸中立于不败之地，曹操修治了通往官渡（今河南中牟东北）的睢阳渠（位于今河南省商丘市南）。四年以后，曹操又下令开凿了多条沟渠，其中白沟、平虏渠和泉州渠的一部分为隋朝永

京杭大运河漕运船

济渠的开挖奠定了基础。

　　隋朝是历史上存在最短的王朝，但就在隋朝存在的这短短三十七年里，大运河实现了全线的贯通。

　　隋朝建立之初曾以长安（今西安市）为都城，但是由于人多地少，粮食供不应求，物资十分匮乏，而此时的江南却是鱼粮富饶之地。为将南方的粮食与物资运到物资缺乏的都城，隋文帝下令开凿了广通渠，连接了黄河和关东地区，还将已经淤堵的邗沟重新疏通。有了漕运的支持，隋朝的经济迅速得到了恢复和发展，漕渠的开通与疏通，再加

隋朝时期大运河实现了全线贯通

通济渠遗址

上良好的经济条件，为大运河的全线贯通奠定了坚实的基础。

605年，隋炀帝即位，将都城由长安迁至东都洛阳，开始了以洛阳为中心开凿大运河的浩大工程。隋炀帝首先下令开凿了通济渠。通济渠主要分为三段：东段引黄河入汴梁，再至开封入淮河，最后由淮河入邗沟北端。通济渠的开凿为当时的洛阳带来了空前的繁荣。在开凿通济渠的同时，隋炀帝又动用了大量的人力和物力第三次开凿了邗沟，通过浩大的工程，邗沟的河道被加宽，从而方便了大型船只的往来。

608年，隋朝政府征集百余万民工开凿了长达一千多里的永济渠，南接黄河，北通涿郡（今北京），完成了南北之间的沟通。时隔两年，隋炀帝又下令开凿了江南运河。江南运河北接邗沟，最终到达杭州，全长八百余里，宽十余丈，终年水流不断，船行不息。

自隋炀帝登基即位开始，隋朝仅用了六年的时间就贯通了长达两千五百公里的大运河。

大运河纵贯南北，沟通了海河、黄河、

淮河、长江和钱塘江五大水系，为古代漕运的
发展提供了便利。大运河使南北之间的沟通更
为便利，经济与文化交流更为频繁，从而推动
了历史的进步。

唐代完善了大运河的整治
工作

（二）京杭大运河的形成

隋灭亡后，唐高祖李渊建立了唐王朝。与
古代的其他政权一样，唐朝也十分重视漕运的
发展。由于开凿时间较短，隋朝虽实现了大运
河的贯通，但有些河道船运并不顺畅。因此，
唐宋两朝又对大运河进行了日益完善的整治。

隋炀帝修建的大运河，由于完工较为仓

促，有些河段使用了天然河道，险滩暗礁重重，经常造成船翻人亡的事故。尤其是从洛阳到长安之间的黄河水路，河水激流滚滚，沉船事件经常发生，长安城的物资供给常常得不到保障。最初，唐朝采用水陆两运的方法，但是这种办法既耗时又费力，长安的粮食和物资仍难以得到保障。742年，唐玄宗李隆基下令修复了汉代所建的关中漕渠，至此解决了漕船难抵长安的困难，从而保障了物资的充裕。

通济渠和邗沟由于分别以黄河和长江之水为水源，泥沙淤积十分严重。为确保这两个河段的通畅，唐宋两朝经常对这两个河段进行大规模的疏浚。但疏浚之法只能暂时缓解淤塞，却不能从根本上解决这一问题。因此，为确保

黄河下游泥沙淤积，河床淤高，河床高于两岸地面

京杭大运河

通济渠水流的顺畅，宋朝时期修建了一条新运河，引洛水入通济渠，并同时阻断黄河水源，通济渠得以四季通畅。在解决邗沟於堵的问题上，宋代挖伊娄河，将入江口直接通江，从而确保了漕船的运行。此外，唐宋对江南运河和永济渠也进行了相应的整治，修堤护渠，修新渠引新水源入渠，从而确保了漕粮的运输。

13世纪，忽必烈入主中原，建立了元代，定大都（今北京）为京师。政治中心的北移使漕运的路线也发生了变化。

元朝初年，为保障政治中心对粮食等物资的需求，漕运航线主要在海上。但是由于

京杭大运河漕运

气候的变化和海上的风浪的威胁，沉船无数，白白浪费了大量的人力和物资。就此，元政府决定河漕、海漕并用，将大运河东移改线。

元十八年(1281年)，元世祖卜令修凿济州河。济州河全长一百五十里，起于济州(今山东济宁市)，终汇于大清河。为补充济州河的水源，元朝修堤筑堰，从而提高了济州河源河泗水的水位，保障了漕运的畅通。

八年之后，元朝又下令向北开凿了会通河。会通河全长二百五十里，在临清与御河(卫河)相接，经直沽(今天津)接白河到达通州，漕船可以由江南直抵通州。

　　元至元二十九（1292年）年，朝廷下令开凿了京杭大运河最后一段直达北京的通道，即通惠河。通惠河全长一百六十四里，将元大都与通州连接到了一起。至此，连南接北的京杭大运河全线贯通。

　　虽然由于地势和气候等自然条件，元代的河漕经常被阻断，不得不以海运为主要漕运手段，但是元代将京杭大运河彻底贯通的做法无疑是功不可没的。京杭大运河的形成不仅为明清漕运的发展奠定了基础，对后世的影响也一直延续至今。

京杭大运河将南方富饶的物
资源源不断地运送到京城

（三）京杭大运河的整治与完善

明清两代，通过河道漕运粮食又成为了
主要的漕运方式。为使漕运的水路更为通畅，
明朝和清朝的统治者耗费了大量的人力、物
力和财力对京杭大运河进行整治，从而完善
了京杭大运河漕运物资的功能。

明朝初建，朱元璋定应天（今南京）为
首都，但是，时隔不久，燕王朱棣登基，迁
都北京。明朝基本沿袭了元朝的漕运格局，
经京杭大运河将南方富饶的粮食、丝帛、茶
叶源源不断地运送到京都。与明朝一样，清

朝同样定都北京，北方所需的经济物资也是通过京杭大运河漕运而来。

　　元朝虽然完成了大运河的最终贯通，但是，会通河段由于地处丘陵地区，水源不足，往往使漕船通行艰难。此外，元代形成的大运河与黄河交叉。黄河洪涝的时候洪灾泛滥，干旱的时候又淤堵河道，运河在这两方面的影响下经常不能正常完成漕运的使命。为此，明清两代就会通河和受黄河影响的河段进行了多次的整治。

　　元朝的时候，为了缓解会通河水量不足的问题，对会通河进行了疏浚。但是由于地势的问题，水源难以进入会通河，为了解决这一难

元代对大运河水路进行了疏浚

题，明代调整了元代时会通河的分水点，截汶水于地势较高处，再开新渠引水入黄河。为调节水量，明朝还在运河交汇处的上下游各建造一道水闸。由于汶水和泗水的水量经常不稳定，明代还经常将汶水与泗水上中游各府县境内的泉水经沟渠引入汶水与泗水当中。此外，明代还筑堤修库，修建闸门，进而确保水量的充足。经过这一系列的治理，明朝的时候基本上解决了会通河的水量问题，京杭大运河全线通航。

解决了会通河水量问题之后，明政府又集中全力治理黄河。黄河干扰的地区主要是济宁至徐州的泗水河段。当时，该河段的东部形成了几个较大的湖泊，明朝便借着这些湖泊作为天然的屏

大运河漕运图

康熙年间对黄河、淮河和运河之间进行了治理

障，将济宁至徐州之间的运河东移，从而避开了黄河的干扰。

　　清代对大运河整治的重点主要放在运河与黄河、淮河交汇地区。由于这一地区湖泊较多，天然的河道又交汇纵横，黄河一旦泛滥，这一地区的水系就变得十分复杂，对当地危害巨大。为了彻底解决黄河泛滥所造成的危害，康熙年间对黄河、淮河和运河之间同时进行了为期六年的治理，并取得了较好的成果。此后，康熙帝又下令开通了皂河和中河（从直河口至清河县），从根本上保证了京杭大运河漕运的畅通。漕船往来如织，穿梭于北京与江南之间，从而使清朝出现了历史上的一大盛世景象——康乾盛世。

（四）京杭大运河的管理

春秋战国时期运河仅仅是各诸侯国军事策略的一部分，并没有真正受到当权者的重视，所以更谈不上什么管理。但是随着漕运在国家经济命脉中所起的作用越来越大，运河和漕运逐渐成为各封建王朝的生命线。由于京杭大运河在漕运中占据了最重要的位置，因此，历代王朝都非常重

京杭大运河在漕运中占据了最重要的位置

视对大运河的使用和管理。为了确保漕粮运道的通畅，历代都设立了专门的漕运管理机构。

秦朝的时候虽然没有设立专门的管理机构，但也设有治理内史监治漕运。汉朝与秦朝一样，没有专门的管理机构管理漕运，只是设有大司农监管漕运。到了隋炀帝时期，主要由我国最早的运输管理部门"舟楫署"来主管漕运。到了唐朝初期，设立了水路运使来专门管理漕运。后期，为了加强对漕运的管理力度，唐朝的宰相也兼任运使之职。

宋代设都转运使负责漕运，又设副使辅助

漕运的管理机构——总督漕运部院

处理具体事宜。元朝时期，漕、运分开，设都水监管理全国水政，各运河还设分监掌管各地的漕运事务。在漕运管理方面由漕运使总管漕政，各河段还驻有军队防守。明朝时期，运河的管理已具有流域管理的性质，各河段设有总漕、总兵等管理漕运。

到了清朝的时候，基本上沿袭了明朝的漕运管理体制。但是，河道的管理职责分配得更加精细，按照级别分为：河、道、厅、营等。清代总漕最初驻在通州，后改驻淮安。明清两代的河道管理部门雇佣了大量的工人从事各种劳务，明朝前期工人数目高达近五万人，一部分人负责修浚河道，一部分人负责保障漕船运行顺畅，权责明确，各司其责。由于服役人数众多，名目复杂，机构过于庞大，清朝对这一现象进行了整顿。康熙帝在位时期设立了河兵营，以士兵代替民夫，清朝中期的时候，具有了比较明确的服役人员数目和河兵数目，总额不及明朝的四分之一。

在京杭大运河的管理方面，各个管理机构对河道和航运加强了管理，这些管理无疑对漕运的顺利进行起到了至关重要的作用。

清代河道的管理职责分配得更加精细

河道的管理包括水源的管理、河道疏浚、堤防维护和闸坝管理等，这些方面的管理都直接关系到运河功能的发挥。首先，水源对运河运输的畅通至关重要，为控制水量，防止河水流失，历朝历代都十分重视对水闸的修建。同时，在各个时期都颁布了不同的法律来约束人们对水资源的使用，而且在一些重要的湖泊河流设立疆界。其次，在运河的疏浚和堤防维护方面，各个时期都有不同的政策。北宋的时候，每年维修一次。到了明清的时候，堤防的维护已经具体化为定期维修和常规维修两方面。而且，运河的维修和黄河堤坝的维修一样，实行准军事化的管理，沿河军卫各司其责。再次，为了控制水位和蓄水量，京杭大运河上建有许多闸坝，这些闸坝在维持运河正常漕运方面起着决定性的作用，对此还制定了一系列严格的启闭和维修制度。

水源对运河运输的畅通至关重要

航运在不同的时期还有不同的管理规定。秦朝的时候，漕运刚刚形成，主要是为战争服务。到了唐代，漕运逐渐成为封建王朝的生命线，当封建统治者认识到漕运的重要性之后，不断加强对漕运的管理，

汴河漕船复原模型

并制定了以"纲"为单位的运输配备。宋朝基本上沿用了唐代的政策，但是在当时发现的一些问题上做了新的规定，比如：可以吃船上的粮食，以减少运输时间；不准携带私人物资等。明清的时候开始对漕运的船只进行核定管理，漕船的数目和运粮官兵的数目是固定匹配的，且各时期有不同的变动。历代王朝还开创了一些漕运方法，这使漕运无论在距离上还是运量上都变得更加灵活。

随着清王朝的逐渐衰败，漕运也随之寿终正寝，但是实行漕运的千年时间里对于社会经济和文化来说是功不可没的。

四、风姿绰约的漕运城市

古代都城水关遗址

（一）运河沿岸城市的崛起和发展

　　漕运是中国古代主要的运输方式。漕运的主要载体——运河，对中国古代城市的形成和布局产生了极其重要的影响。运河的开通带动了人口的流动，给一些原本沉寂的城市带来了生机，催生出了一批新生的城市和繁荣的市集。其中，盛唐长安和洛阳的辉煌，宋都开封的繁荣，明清的北京和扬州的繁华都要归功于漕运。

　　运河的开凿为运河沿岸的城市提供了便利的交通条件，漕运的发展为沿岸的城市带来了丰富的物资和人口，为城市的发展提供了动力。中国早在五千年前就已经形成了城市的雏形，但是主要范围都是在黄河的中下游，所以，当时的城市大都分布在以黄河为中轴的北方和中原地区。随着隋朝大运河的开通，人们利用漕运把丰富的物资运到了南方的一些地区，在那里一些新兴的城市不断涌现出来，尤其是在一些水路交汇的地方，工业城市如雨后春笋般出现，如：扬州、苏州、杭州、宋州、汴州等等。到了元朝的时候，京杭大运河的开通，进一步加速了东部沿海地区城市的发展，从而影响了整个中国城市的格局。

北宋时期，农业和手工业都有了一定的进步，运河沿线的经济发展比较迅速，其

扬州运河夜景

风姿绰约的漕运城市

苏州一景

中开封、杭州、扬州、苏州是这一时期繁荣城市的代表。元代京杭大运河的开通可谓是开辟了漕运的新纪元，由于通惠河、会通河、济州河的开凿，使得一批新兴的运河沿线城市悄然崛起。

漕运的畅通不仅带动了农业和工业的发展，同时也带动了商业和手工业的发展，进一步促进了运河沿线城市经济的发展。其中，大运河南端的杭州最具代表性。一些城市是从隋朝就开始兴起的，随着大运河的南北贯通和东南经济的迅速发展，这些城市从最初的一个小

清代杭州已成为著名的工商业大城市

城市一跃发展成为国内经济的大都会和国内外的通商口岸。宋朝的时候，江南地区的城市经济更加繁荣。到清乾隆年间，著名江南城市杭州一跃发展成为我国三大纺织中心之一。到了雍正乾隆年间，杭州成为全国著名的工商业大城市。

（二）繁华的江南地区

经济中心南移后，江南漕运城市的商品经济高度发展，江南地区逐渐繁华。

我国最早期的一批城市主要出现在黄河

中下游地区，所以，在相当长的时期内，我国古代的经济中心一直在这一地区。随着生产力的发展、全国格局的变化和漕运的发展，中国的经济重心最终定在了江南地区。江南地区成为经济中心是有一定原因的。

江南是重要的粮食产区。唐朝时期，长江中下游平原及东南沿海地区的粮食产量就已经很高了，这些地区也因此成为了当时粮食与赋税的主要供给区。适宜的气候再加之先进的生产方式使江南的粮食产量逐年上升。江南地区的劳动人民总结了多年的生产经验，开创了双季稻、稻麦连作等新的农耕制度，从而大大提高了粮食的产量。为提高单位面积产量，江南

江南鱼米之乡

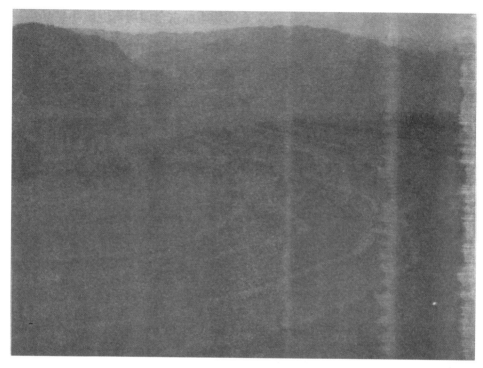

南方水稻种植

地区的各县还十分注重良种的引进和培育。由于水稻种植是南方的主要耕种制度，因此，水利的兴修对农业生产的影响也很大。仅宋朝在长江中下游地区进行的水利建设就高达一千多次，可见封建政府对江南农业的重视程度非常高。到了元代，全国税粮超半数以上来自江南地区。漕粮数额的不断增长也使江南地区巩固了其经济中心的地位。

江南地区是重要的手工业生产基地。北宋以前，南方的手工业发展还不及北方。到了北宋时期，南方向朝廷进贡的纺织品占全

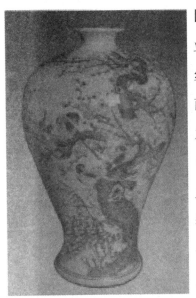
景德镇瓷器

国所有进贡纺织品的一半以上，南方纺织业的发展超过了北方。南宋时期，江南的丝织业逐渐发展起来。到了明清时期，江南已经成为丝织业的中心。江南的陶瓷业发展也极为迅速。元朝以前，陶瓷的生产中心主要在北方，到了元明清时期，陶瓷业生产的中心已经转为江南地区，一些瓷器作坊享誉很高，最著名的景德镇瓷器至今仍在国内外极受欢迎。江南地区地处水乡，水网遍布，再加之一些城市与海为邻，因此造船业发展规模也很大。此外，江南地区的造纸、印刷、织染、晒盐、漆器加工等加工工业也在全国享有盛名。

江南地区人口众多。由于漕运的开展，各地区和各民族的人民大量涌入江南地区，经济的繁荣也吸引了大量的人口前来居住。因此，江南的人口数量一直很多。北宋后期，江南地区人口超过二十万的州郡多达三十几处。明清时期人口增长更快。江南地区在明朝时期人口超过了八百万，到清代人口最多的道光三十年(1850年)江南总人口就高达近四千万。

江南作为经济重心的地位一旦巩固，江南地区的繁荣势必成为一种必然。市镇数

量的增加、专业化市场的形成与劳动力市场的发展均为江南的繁荣奠定了基础。整个江南呈现出一派繁华的景象。

由于市镇较多，江南地区在市镇的管理上也加大了力度。工商业发展程度较高的大型城市之内各种市政设施林立，甚至连郊区也有附属的市场和村落。

江南地区市镇的繁华还表现在市场的专业化发展水平上。到了南宋时期，工商业迅速发展，各市镇的专业化程度很高，如一些城镇是专门的商业镇，一些城镇是专门的农业镇，一些市镇是著名的盐业镇。市场分工的精细进一步促进了江南市场的成熟。此外，江南的桑蚕

盐业历史博物馆

养殖业规模也十分盛大，为丝织业的发展提供了足够的物质基础，使江南地区成为经久不衰的丝织业中心。

江南地区从唐朝开始便是中国最为富庶的地区。从唐朝至明清的千年时间，江南一直以它丰饶的物产和手工业产品供养了一代又一代封建王朝。由于江南是漕粮的主要输出地，因此历朝政府也十分重视对江南地区的扶持。但是江南的富足必定是有限的，如果不进行休养生息而只是一味地索取势必会削弱经济的发展。封建统治者大肆地搜刮民脂民膏使江南人民的生活陷入了困境。

明代，江南已成为丝织手工业中心

天津是北方著名的漕运城市

（三）河、海漕运的交通枢纽——天津

　　天津，原名直沽，亦称小直沽，是从元代至明清逐渐形成的，最终兴建于明代。天津是北方著名的漕运城市，江南漕粮北运，无论是通过内河还是经由海运，都要先抵至直沽然后再转至大都。

　　元代直沽的发展主要与海上运输关系密切。元初虽然也使用运河运输，但是由于直达元大都的运河没有开通，所以内河漕运必须兼以陆运或兼以海运才能到达直沽，因此，虽然海运危险重重，元代还是不断地开辟海上运输

路线，并在海运方面取得了一定的成效。由
于元代从海上漕运至北方的粮食都要先运至
直沽，再转到大都，所以直沽作为海运的码
头地位已经形成。仅在四十七年间，通过海
运抵直沽再转运大都的粮食就有八千多万石。

　　天津地处大平原东部，东临渤海。从太
行山和燕山流出的大河、小河加之北运河和
南运河的水流，全部汇集到天津市区内，聚
流为海河。正因为海河东流入渤海，所以天
津不仅是海港城市，还是著名的海港。天然
的河流汇集到市区内必会构成城市的一部分。

明清时期就对海河的水系进行了一系列的改造。明朝在永乐年间于天津城东南隅建造了大闸，引海河水入护城河。乾隆年间又在马家口处修闸两座。水闸的修建对整个天津城来说无疑是十分必要的。一方面，水闸可以有效地控制进水量和出水量，从而保证了城区内水量的平稳。另一方面，水闸的修建也可以保证城市居民对淡水的需求。

天津是漕运的重地，为了适应水路运输的需要，在市区内也建立起渡口和桥梁。天津城内海河又深又阔，因此浮桥众多。除了浮桥之外，还建有木桥、石桥、铁桥等各种桥梁。至光绪年间，天津城内外建造起来的

天津三岔河口一带漕运繁荣景象图

古代漕运
084

漕运展示馆展品

漕运展示馆展品

风姿绰约的漕运城市

桥梁就有五十多座。这些桥梁不仅仅是漕运发展的产物，同时也是城市环境的重要组成部分，不仅改变了城市的格局和构造，还改善了城市经济与文化生活。

天津原是"海滨荒地"，但由于河漕和海漕的发展，这里逐渐发展成为人口众多的城市。海上和内河的漕运不仅将南方的物资调入了天津，同时也带来了文化上的交流。由于以上种种原因，使得天津的人口结构较为复杂。明清时候天津的人口结构主要分为四类：占比重最大的是工商业者，多为船户、盐商等；次之是原来就居住在天津的居民；再者是缙绅（地方上有权势的人）；最少的是医户、僧道和乞丐。

漕运为天津带来了繁荣

古代漕运

三岔河口是海河的起点

从永乐二年，到道光二十年的三百三十七年间，天津成为了北方大运河漕运、物质和文化的中心城市，至道光二十年，天津的人口高达二十多万。

受漕运的影响，天津不仅成为明清时期重要的漕运传输基地，还是当时的盐业中心、粮食中心和北方的商业中心。明朝初年，由于京杭大运河会通河段尚未通航，所以当时的漕运仍以海上的航线为主，海运的终点仍然是天津。等到会通河修复以后，明朝虽然

天津盐业银行旧址

弃用了元朝流传下来的海运之法，但山东到天津的海运并没有停止。到了清代，天津在漕运方面的职能进一步加强，嘉庆以前，漕粮年均为四百万石左右。在盐业发展上，天津早在元代便已经形成了盐场，最为著名和规模最大的盐业——长芦盐业使天津成为著名的盐业中心，为对长芦盐业进行管理，明清两代专门设立了长芦盐课监察院检查长芦盐政。由于盐税是封建国家重大收入的主要项目，为了方便天津盐业的发展，明清两朝还专门修筑了多条浮桥，专供盐业的运输。

此外，明清时期天津的粮食业、手工业和商业的发展也极为繁荣。经济的发展为市集的遍布提供了有利的条件。南来北往，客商如织，天津城内一片繁华。

（四）美轮美奂的苏州、扬州和杭州

扬州、杭州和苏州是江南最典型的漕运城市，漕运的发展促使这三个城市在经济文化上与外界的交流更加广泛。

漕运之所以促进扬州、杭州和苏州三个城市的飞速发展，首先是由三个城市与运河的地理位置决定的。

从春秋末期吴王夫差开沟到唐代，扬

淮安漕运总督部院

州至淮安的运河基本上是为政治军事所用。但是，从唐代开始就起到了一定的漕运作用，刺激了扬州经济的发展，并且在运河附近的地方形成了商业聚集区。宋元两代的时候，运河的经营取得了超前的成就，扬州至淮安运河的经济作用逐渐突出。明清时期，南北大运河畅通，运河的经济作用空前增强，对促进扬州城市经济的繁荣起到了很大的作用。

苏州城市历史悠久，相传为春秋时代吴国的都城，秦汉隋唐的时候还一直沿用吴这个名字，到了隋文帝时期才改名为苏州。由于隋朝的时候开凿了江南大运河，从此，苏州就成为了南北运河与娄江的交汇处，具备

江南水乡苏州

了内河航运与海上交通的便利条件，这对苏州经济的发展起了重要的作用。苏州城市的位置在此后的发展过程中进一步稳定。苏州从唐宋到明清都有很详尽的水系记录，当时的苏州城内就已经形成了比较完整的城内水系，这对苏州城市的稳定起到了积极的作用。由此可见，漕运是苏州城市位置稳定和城市发展的重要因素。

杭州在北宋时期就有运河，但是没有得到人们的充分利用，居民生活困难，城市发展受阻。直到宋朝时期运河的治理为杭州的城市发展做出了重大的贡献。元末的时候，朝廷下令开凿了东运河，明清时

三月杭州

风姿绰约的漕运城市

京杭大运河俯瞰

期又继续利用了西湖和运河完善了杭州城内的水系。凭借运河这样便利的条件，杭州发展迅速。所以漕运对杭州的发展起到了至关重要的作用。

苏州、杭州和扬州是最典型的江南城市。漕运带动了城市的繁荣，也刺激了人口的增长。

明初的时候，扬州的当地人口比较少，人口组成多数是流动人口，但是到了嘉靖年间，这里形成了工商业区，工商业有了长足的发展，所以这个时期工商业者为主要人口。

杭州景色

到了明清的时候，扬州城市人口从数量上来讲，工商业者在整个城市人口中的数量占第一位。同时，在明清时期，扬州的文化气息浓重，所以，文化人口仅次于工商业者。清朝嘉庆年间，扬州人口接近八万余人。

苏州的人口数量在明清以前并没有明确的数据。明清两代，百姓日益富庶，苏州在这样的条件下所形成的人口结构除了工商业者和文化人之外，就是一般的城市居民和官吏、兵士等。

"杭民多半商贾耳"这简短的一句话比较

真实地反映了杭州人口结构的一般状况。由于杭州是明清两代时期大运河南端的货物集散中心，商业发展迅速，商贾人口日益增多，较之其他人口商贾人口数量居多。明清两代的时候，杭州城市的丝织手工工场不断发展，手工业者不断增加，逐渐发展成为一个庞大的城市手工业者队伍。除了上述商贾、手工业者之外，当地还有一定数量的文化人和缙绅。

在经济发展方面，扬州、苏州和杭州的经济发展方向不同，又各具特点。

扬州城市经济的发展主要取决于手工业和商业的发展。

明清时期，扬州的手工业主要分为三类：

扬州美景

扬州漆器

扬州风光

第一类是特种手工业，这类手工业一般与贫民无关，多用于对外贸易。第二类是适应文化发展，或保留古代文化需要的手工业。第三类是民间手工业（雕版印刷手工业为官营）。明清时代扬州最大的商业是盐业和南北货商业。扬州盐业，即两淮盐业。两淮盐业和扬州城市发展有关的就是住在扬州城内的盐商手中的钱，也就是两淮盐商手中掌握的商业资本。南北货商业是明清时期扬州城市的第二大商业。这是由于运河交通便利，扬州又处在南北要塞之地，是南北货物的集散中心，便于和城市居民的商业活动相结合，所以扬州城成为了繁华的商业中心。

扬州个园由清代嘉庆年间
两淮盐业商总黄至筠建造

苏州城市主要体现在手工业的发展和商业的发展两个方面。手工业主要分为丝织手工业和工艺美术手工业。由于邻近运河，漕运比较方便，便于手工业产品运送，所以当地的手工业蓬勃发展。其中，苏绣至今仍闻名于世。苏州地处大运河和娄江交汇处，内河航运和海上交通都很便利。凭借有利的运输条件，苏州的丝绸贸易得到了充分的发展。同时，粮食商业也成为了一项引人注目的商业。随着商业的发展，往来贸易的增多，苏州城内建立了很多会馆、公所，带动了城内经济的发展。

杭州经济无论是在手工业还是在商业

苏州是中国三大丝绸生产中心之一，盛产丝绸已有3000多年历史

风姿绰约的漕运城市

古代漕运铸就了如今杭州的繁
荣

方面的发展都比较迅速，并且都具有一定的
规模。杭州经济的发展与东南沿海、运河沿
岸城市工商业的发展有着密切的关系。总之，
杭州及东南沿海各省的货物多从杭州运往北
方，北方的货物也从杭州下船再分散到各处。
杭州因此成为大运河南端货物集散中心。

随着经济的发展和人民文化水平的提
高，漕运沿岸的苏杭和扬州的文化也蓬勃发
展。哲学、文学和科学技术等方面也都有了
长足的进步。

五、特色鲜明的漕运文化

长江三峡风光

黄河流域和长江流域不仅是漕运的主要干线，也是中华民族文明的两大摇篮。优越的地理环境和气候条件不仅养育了优秀的中华儿女，还孕育了各具特色的灿烂文化。漕运的发展使南方和北方数不清的人流和物流交流不断，不同文化的交流与传播也在漕运的过程中不断进行着。漕运不仅是中华民族的物质给养，也是传播文化和民族间交流的重要渠道。

千年的历史长河流淌着中华民族的文明。千年的漕运史也散发着浓厚的文化气息。民族与文化之间的碰撞、融合和演进形成了特色鲜明的漕运文化。多姿多彩的民俗风情、丰富精美的饮食文化、精巧美观的艺术、经久不衰的音乐戏曲和朗朗上口的诗文相互交织，构成了一幅精美的画卷。

（一）多姿多彩的民俗风情

漕运不仅向各地运来了城市发展所必需的物资，它也将各处的文化在大范围内进行了传播，从而使各地间的文化得以交流发展。漕运不仅孕育了城市，还孕育了漕运沿岸特有的民俗风情。正如承载漕运的水一样，缘水而生的民俗风情也如一汪清新的泉水，滋

渔民

养了漕运沿线一代又一代的人们。民族的融合与杂居使风格各异的民俗习惯相互碰撞，最终形成了多姿多彩的民俗风情。

漕运应水而生。提到水，人们便会不自主地联想到鱼和船。由于漕运沿线多为渔民居住，为博得一个好彩头，渔民的民俗风情之中必定少不了鱼和船。

一般在捕鱼之前，渔民会备好打渔所必需的渔船和渔具等物品，参加捕鱼活动的渔户会聚集在一起会餐，以预祝此次出行能够满载而归。捕鱼归来，渔民在售鱼的时候往往会在船

渔民傍水而居，以鱼为生

头用草杆挑起一件衣服以示有鱼出售。买家则会在船头放一个底朝下的空篮子表示要买鱼。渔民傍水而居，以鱼为食，日常的经济来源也都是依靠打渔。为图吉利，渔民往往会避免使用一些与"翻"同音的字。如帆船就被称为"蓬船"，吃鱼吃掉一半后要翻转过来绝不能说"翻过来"，要说"转过来"或"滑过来"。

渔船是渔民捕渔时必不可少的工具，有些渔民甚至以船为家，于是关于船的习俗也有很多。新船在使用之前往往要举行一个隆

重的下水仪式。渔船在出售时想要出售渔船
的船家往往不会打出出售的字眼，而是在船
头立一根草杆，杆顶编一个草圈。此时，欲
购买渔船的买家便会明白船家这是要出售渔
船了。

　　除了有关鱼和船的风俗，漕运沿线的地
区还庆祝一些与水和漕运有关的节日。如通
州、天津、无锡等地至今仍保留着中元节放
河灯的习俗。在通州，每年的四月十五日这
天都会庆祝"开漕节"。这一节日原是由政
府主持的祭祀河神的仪式。由于节日热闹非

凡，渔家逐渐将其保留，最终成为了民间的节日。

由于与水相关，人们在漕运的过程中往往会遇到一些灾难。正所谓"水能载舟，亦能覆舟"。人们想要消除灾难、消除对水的恐惧却没有办法的时候，往往就会赋予这种愿望以精神的寄托。如祭祀河神、祭祀龙王等活动都是人们缘水而生的信仰。为了方便这些祭祀活动，官府和民间在漕运沿线修建了许多河神庙。渐渐地，这种祭祀活动也演化为人们繁重劳动之后的一种娱乐活动。

漕运不仅贯通了我国的五大水系，它还跨越了我国不同的风俗文化区。各地区文化

放河灯是人们为了祈求吉祥沿袭下来的传统 习俗

交往的频繁使各地的民风也发生了变化。

漕运带来了商品经济的繁荣，为人们带来了丰厚的回报。因此，漕运地区的人们往往受到商业利益的驱使，对商业的看法也发生了根本性的改变。古时中国本是"重农抑商"的国家，但在漕运沿线地区却掀起了崇商的风气。漕运使沿线城市的经济飞速发展。漕运沿线城市富商绅豪集聚。这些富商和绅豪奢靡成风，间接地推动了社会上的奢靡之气。

中国自古就是崇文尚武的国度。漕运使镖行盛行。镖行的盛行激发了漕运沿岸人们的习武之气，男女老少皆习武，为武术的发

古代镖局

鲁菜

展提供了良好的人文环境。许多地区还成为
了远近闻名的武术之乡。南北的交流使北方
的文化不断传播到江南，带动了江南习文之
风，儒学盛行。江南地区每年考取的状元不
计其数，这更为江南人民平添了习文弄墨的
雅兴。

（二）丰富精美的饮食文化

漕运所经地区不仅地理条件与人文环境
不同，各自的饮食文化也不尽相同。随着漕
运活动的开展，南北之间的交流日益频繁，
南北方特有的饮食习惯也得以相互交流。除
了传统的地方美食外，在南北饮食交流过程

中，人们还不断推陈出新，从而造就了漕运沿线丰富精美的饮食文化。

漕运沿线物产丰饶，几乎每处都有独具一方特色的招牌美食。除了各地丰富精美的小吃，漕运还促进了菜系的发展，最为著名的要数中国四大菜系中的鲁菜和淮扬菜了。

山东简称"鲁"。由此我们不难看出，鲁菜是山东地区的特色菜。山东地处温带，适宜的气候孕育了种类繁多的水果和蔬菜。山东境内湖泊和河流较多，三面邻海，因此鱼、虾等海产品丰富。鱼虾鲜蔬为美食的烹饪提供了足够的物质基础。漕运开展以后，随着运河的开凿，山东的饮食被分为胶东风

"红烧大虾"是山东胶东风味名菜

味和济南风味。

胶东由于地理位置近海，因此以烹制海鲜见长。济南风味则以汤见长，味道清香鲜嫩，素有"一菜一味，百菜不重"之称。

漕运不仅改变了江南地区的格局，江南的许多城市也逐渐发展繁荣起来。城市的繁荣无疑会使人们的生活水平提高，对饮食也更为讲究。扬州和淮安一带便逐渐形成了精美的南方饮食文化——淮扬菜系。明清以前，扬州和淮安各有自己的体系。到了明清时期，淮菜和扬菜开始相互渗透、逐渐融合，并熔南北风味于一炉，最终形成了享誉盛名的淮扬菜。淮菜选料严谨、制作精细、讲究刀工、追求本味，

淮扬菜

多以水产为料,味道追求清鲜平和。明清时期,
扬州与淮安一带官商众多,文人墨客汇集至此,
从而促进了淮扬菜系的繁盛。

除了精美的饮食文化,漕运还将江南的好
酒和好茶运输到全国各个地区,从而促进了酒
文化和茶文化的发展和传播。饮酒作诗、饮茶
品茗成为社会风尚。

（三）精巧美观的艺术

漕运沿线地区城市商业发达,南北间的贸
易往来频繁,促进了工艺美术的发展。在众多
的工艺美术中,最为著名的要数书画艺术、建

筑艺术。

漕运有如一条河流，成为南北的书画美术艺术的纽带，为后世留下了许多不朽之作。

隋唐时期是继魏晋南北朝时期之后我国书画发展史上的又一重要时期。这一时期运河地区最为著名的书法家有虞世南、褚遂良和张旭等。著名的画家有擅长人物画的郑法士和以山水画见长的张璪等。到了宋朝时期，成就最高、最为著名的书画大师是米芾，他善行、草，与苏轼、黄庭坚和蔡襄四人被合称为"宋四家"。除米芾以外，宋朝运河地区的著名画家还有宫廷画家刘松年、擅长山水画的夏圭、米芾的长子米友任等。元朝时期运河地区最著名的书画大师就要数赵孟頫

米芾书法

明唐寅《揪风纨扇图》

了。

明清时期，漕运沿线地区出现了更多的书画名家和名作。影响较为重大的流派主要有"吴门画派"和"扬州画派"。

"吴门画派"又称吴门四家或明四家，主要由沈周、文征明、唐寅、仇英四人组成，他们在书画艺术上独具风格，开创了一代新风，流传下来的传世之作有《庐山高图》（沈周）、《江南春》（文征明）、《秋风纨扇图》（唐寅）和《兰亭修图》（仇英）等。

"扬州画派"是指久居扬州以卖画为生的职业画家，由于这一画派是由金农、黄慎、郑燮、

北京故宫

李鳝、李方膺、汪士慎、高翔、罗聘等八人组成，又有"扬州八怪"之称。这八位画家作画时喜欢打破常规，推陈出新，因此在画坛上独树一帜。由于这派画家的画清丽脱俗，因而受到扬州新兴的工商士人的推崇。

漕运的发展繁荣了商品经济，市井文化逐渐繁荣起来。出现了许多反映运河市井风情的画作。此外，漕运的发展还带动了民间绘画和雕刻艺术的发展，流传下来许多极具文化价值的民间艺术。

作为一座桥梁，漕运不仅在经济和文化上沟通了南北，促进了信息的传递与人口的流动，还发展了意蕴隽永的建筑艺术。

北京是北方漕运城市的代表。由于是几代的

北京故宫

苏州拙政园一景

苏州拙政园一景

都城所在，北京的建筑风格多以宫殿为主。最为著名的故宫地处威严的北京城，占地面积很广，宫殿内房间众多。宫殿内外所用楠木支柱和金砖、青砖等其他的一些建筑材料都是经由漕运路线由各地运到北京城的。因此，北京也被称为"漂来的北京城"。

除了封建帝王居住的寝宫，历代帝王在巡游江南的时候还在各处修建临行宫。这些宫殿也是金碧辉煌、雕梁画栋、极尽奢侈。

南北方的园林艺术也是古代遗留下来的最宝贵的文化遗产。北京的园林艺术多以气势宏伟、规模宏大的皇家园林著称，奢华中透着严肃与尊贵。著名的颐和园是北京现存最完整的皇家园林。颐和园集中了全国园林艺术的精华，这里有湖有山，景色如画。江南的园林则如小家碧玉一般精雕细琢，颇具江南婉约的风格。精巧玲珑的苏州园林虽然在面积上要远远小于北京的园林，但是在布景、结构和层次上却独具匠心，给人以置身画中的感觉。

有河流的地方必定会有桥梁。漕运经过运河无数，从南到北大大小小的桥梁也在漕运的历史上扮演着重要的角色。

桥梁具有方便河两岸人民通行的作用。除了沟通的作用，桥梁还具有工艺美术价值。仅我国著名的园林城市苏州城内就有大大小小的古桥十多座。其中最著名的要数大运河最南端的拱宸桥。拱宸桥长98米，宽5.9米，桥面呈弧形，南北有台阶，是京杭大运河上仅存的古桥之一。它不仅是古时迎接帝王的大门，也是古运河的终点。至今，在这座朴实无华的桥下，无数的船只仍在不断地穿梭着，宛如古时浩荡的漕船穿梭在历史的长河之中。

（四）经久不衰的音乐戏曲

从开始到兴盛，再到衰败，历经千年的漕运文化，对中国古代音乐戏曲的繁荣昌盛、南

拱宸桥

纤夫

北戏曲文化的交流与传播起到了不可忽视的作用。从流传至今的一些文化戏曲之中，我们不难领略到运河和漕运文化独特的文化底蕴和经久不衰的文化魅力。

提到运河、漕运和戏曲，人们最先想到的一定是船工和纤夫们的号子。大运河的号子，属于民歌的一种特殊体裁，它是由常年生活和工作在运河之上的河工船夫们口头创作的，与生产和劳动密切相关。船歌号子完全来自于生活，具有协调与指挥的作用，同时也可以缓解船工们漫长行船生活的清苦、单调。河工们唱喊的号子主要起到两方面的作用：一方面，起着鼓舞精神，调节心情，组织和指挥集体劳动的作用；另一方面，也表现出一定的艺术价值。

除了从劳动中诞生的"号子"之外，在明清时期，运河地区的民间曲艺同样也是丰富多彩的，这与漕运沿线城市的兴盛有着十分密切的关系，可谓是"沿河漂流的曲艺"。这个时期的曲艺形式多样，内容丰富，且较多被保留了下来，北京相声、山东大鼓、江苏徐州琴书、扬州评话、清曲等等延续至今。明清时期运河沿岸的曲艺发展之所以较好，是因为地处运河的市镇交通便利，人口流动比较频繁，各地的艺人都汇聚于此，南北曲艺有机会交融，这些都为民间曲艺的生存和发展创造了良好的条件。

提到中国戏曲的发展，人们很自然地就会联想到漕运所起到的作用和做出的贡献。唐宋时期利用漕运的兴盛使商品经济大力发展，从而带动了沿岸市民文艺的发展，促进了戏曲的最终形成。漕运河流也为戏曲的广泛传播和不断发展创造了便利的条件。在宋朝以前，古代的戏曲基本只处于萌芽状态，到了宋代，戏曲首先在运河城市繁荣发展起来。金元时期，杂剧在中国的戏曲史和文学史上获得了不朽的地位。元代后，杂剧进一步发展到以杭州为中心的江浙地区。明清时期，昆曲的北上传播和"四大徽班进京"，促进了京剧的形成。在这些戏曲南北交流与传播的过程中，漕运起到的作用是不可忽视的。

昆曲《长生殿剧照》

（五）朗朗上口的诗文

漕运沿岸发达的经济与便利的交通带来了文化的繁荣，所以，出现了很多咏叹运河历史、描绘运河风情的诗文。

漕运沿线之上，历代文人频繁往来，

特色鲜明的漕运文化

京杭大运河上的拱宸桥

饱览名胜风光，体察风土人情，写下了大量与运河相关的诗文，使人们充分领略到了千百年以来漕运的历史变迁和文化风采。历代与漕运相关的诗文，有咏叹运河历史的诗句，有描绘运河风土人情的词曲，还有记载运河开凿史实的诗词，多如繁星，不胜枚举。

唐朝诗人皮日休的一首《汴河怀古》："尽道隋亡为此河，至今千里赖通波。若无水殿龙舟事，共禹论功不较多。"就从客观上赞扬了隋朝大运河的历史作用。白居易的《长相思》："汴水流，泗水流，流到瓜洲古渡头。吴山点点愁。思悠悠，恨悠悠，恨到归时方始休。月明人倚楼。"借运河水流道出了相思之情。而隋炀帝时的《挽舟者歌》中："我兄征辽东，饿死青山下。今我挽龙舟，又阻隋堤道。"不仅刻画出了民工修筑运河的艰辛，也记录下了官府奴役下人民生活的艰辛。

漕运孕育了无数的诗文，这些诗文无论是缠绵婉转的，还是闲雅幽远的；无论是慷慨激昂的，还是沉郁顿挫的，都是后人取之不尽、用之不竭的文化瑰宝。以漕为诗，容量虽小，却记录了漕运千年的发展；以漕为诗，诗文虽短，却道尽了历代王朝的兴衰。